北京李大钊故居

Former Residence of Li Dazhao

带你走进博物馆 SERIES

《带你走进博物馆》丛书编辑委员会

主　任：单霁翔
副主任：张　柏　董保华　童明康
　　　　张全国　苏士澍　葛承雍
委　员：（按姓氏笔画排序）
　　　　王　军　尹建明　叶　春
　　　　刘曙光　关　强　何戍中
　　　　李克能　李培松　李耀申
　　　　吴东风　宋新潮　张自成
　　　　张昌倬　周　明　侯菊坤
　　　　袁南征　顾玉才　谭　平
主　编：葛承雍
副主编：宋新潮　李克能

北京李大钊故居管理处　编著
王　洁　主编

文物出版社

目录

Contents

一、文华胡同24号 ...... (7)
1. 堂屋 ...... (9)
2. 卧室 ...... (11)
3. 西厢房 ...... (13)
4. 东厢房 ...... (15)
5. 西耳房 ...... (18)
6. 东耳房 ...... (20)

二、难忘的回忆 ...... (24)
1. 铁肩担道义 妙手著文章 ...... (26)
2. 雨中学歌 ...... (27)
3. 爱花草 爱生活 ...... (30)

李大钊故居

4. 开阔视野 博学多才 .... (32)

5. 夫唱妇随 琴瑟和谐 .... (34)

6. 艰苦朴素 温良敦厚 .... (35)

7. 南陈北李 微服出京 .... (37)

8. 思想巨擘 道德楷模 .... (38)

9. 五峰山上的足迹 .... (41)

10. 翰墨情缘 .... (43)

11. 重视军事 输送人才 .... (46)

三、光辉而短暂的一生 .... (48)

1. 少年立志 寻求真理 .... (49)

2. 积极倡导新文化 .... (51)

Former Residence of Li Dazhao

3. 传播马克思主义 .... (53)

4. 率先开创史学理论 .... (56)

5. 创建中国共产党 .... (58)

6. 领导北方工人运动 .... (61)

7. 促成国共两党合作 .... (63)

8. 精神永存 光照千秋 .... (65)

9. 大义凛然 英勇就义 .... (69)

李大钊烈士碑文 .... (72)

李大钊生平活动年表 .... (77)

馆 长 寄 语

斯人气尚雄，江流自千古。

碧血几春花，零泪一抔土。

这是李大钊于1913年6月在律诗《题蒋卫平遗像》中写下的词句，意在悼念为保我疆土而被沙俄残忍杀害的挚友蒋卫平。蒋卫平身殉之时，年仅28岁。1905年李蒋二人因一同就读于永平府中学而相识，遂结成好友。李大钊为蒋之死不胜悲愤，几次作诗悼念，并以蒋为楷模，誓为人民之解放奋斗终生。然而十几年后，他亦洒尽碧血，以自己的生命践行了对事业、对信仰的诺言。

恰逢李大钊烈士英勇就义80周年之际，位于西城区文华胡同24号的北京李大钊故居，修缮复原，对社会开放。李大钊曾经生活过的小院，犹是他生前的景况。李大钊曾植下的两株海棠树，如今逢春花蕾绽放、遇秋硕果累累，时常有游人前来参观追思。

李大钊为追求真理不屈不挠、终至献身的精神，如江河之水浩浩荡荡，长流不息，正如李大钊自己所言："平凡的发展，有时不如壮烈的牺牲足以延长生命的音响和光华。"

精神与山河同在，道义与日月共辉。

北京李大钊故居管理处主任　王　洁
2008年8月8日

赠 言

  未成年人将要承担中华民族伟大复兴的重任。关心未成年人的健康成长，关心他们的思想道德的建设是我们每个人的责任。各类博物馆不仅是展示我国和世界优秀历史文化的场所，也是未成年人学习知识、培养情操的第二课堂。

  让这套丛书带你走进博物馆，让博物馆伴随你成长。

国家文物局局长 单霁翔
2004年12月9日

一、文华胡同24号

李大钊故居

北京是李大钊的第二故乡，在他不满38岁的一生中，有10年是在北京度过的。从1916年夏至1927年春，他在北京先后居住过八处地方。1920年春至1924年1月，李大钊一家在石驸马大街后宅35号（今西城区文华胡同24号）北院居住了将近四年，这是他在故乡之外与家人生活时间最长的一处居所。1979年8月21日，李大钊故居被公布为北京市重点文物保护单位。

故居是一个小三合院，占地面积约550平方米，有北房三间，东、西耳房各两间，东、西厢房各三间。其中北房正中是堂屋，北房东屋为李大钊夫妇的卧室，西耳房为李大钊的长女李星华的卧室，东厢房北间为李大钊长子李葆华的卧室，南间是客房。西厢房为李大钊的书房。院内有李大钊亲手种植的两株海棠树，原来还有两块花畦。李大钊非常喜欢这处住宅，这里是他与妻子、儿女在一起生活最快乐、最开心的地方。李大钊的次子光华、幼女钟华出生在这里，他的长子葆华、长女星华都是在这里耳濡目染，最终走上了革命的道路。

堂屋展室外景

堂　屋

堂屋是故居北房中间的一间，是全家人吃饭和接待客人的地方。对着屋门的是一张八仙桌，两边各一张官帽椅；靠北墙的条案上摆放着一台老式座钟和两只掸瓶，有"终生平安"之意，完全是北方传统人家的居室陈设。条案上方的墙上悬挂着一幅镶在玻璃框子里的古画，高山平台上一个年轻女子，怀里抱着一个乐器，正在弹奏；在她的周围，围满

堂屋展室

了各种各样的飞禽走兽，有的蜷伏在地上，有的趴在山岭的树枝上，有的在空中飞旋，好一片大自然和谐的景象。李大钊喜欢音乐，他曾经告诉孩子们，这幅画说明"音乐的力量是无限的"。在古画的两边悬挂的是李大钊手书的著名楹联——"铁肩担道义，妙手著文章"。

在这间屋子里，李大钊曾经接待过很多的同事和朋友，有大家熟知的陈独秀、邓中夏、梁漱溟、章士钊和吴弱男夫妇等众多同志和友人。

在堂屋的西南角，有一部黑色老式电话机，很显眼。李家搬到这处住所的时候，李大钊的职务是北京大学图书馆主任，后来又兼北京大学教授。当时北京大学教授在社会上的地位很是高的，教授家中都配有电话。那时，北京电话分东、西两局，李大钊家的电话号码是西局2257号，胡适家的电话号码是东局2429号。

李大钊家使用的电话

同时李大钊是"少年中国学会"主要发起人之一，《少年中国》是少年中国学会机关刊物，李大钊为编辑主任。学会的宗旨是"有志青年，振兴中华"。为使会员与李大钊联系方便，1920年10月《少年中国》

《少年中国》

Former Residence of Li Dazhao

第2卷第4期刊登了李大钊迁居的消息："北京会员李君守常，于日前回籍接取家眷，已于月初回京，寓西城石驸马大街后宅35号。"这是目前所发现的李大钊携家人迁文华胡同24号"北京李大钊故居"的唯一史料记载。

卧　室

堂屋的东侧就是李大钊夫妇的卧室。卧室南侧窗户下面是过去老百姓家通用的土炕，炕东西向占据了半间房，炕的边上有一条长长的木质炕沿，已经很旧了。炕上有一张方形炕桌，桌上有一小笸箩针线，夫人赵纫兰常常盘坐在炕上做针线活。透过南侧的玻璃窗可以看到整个院子，卧室的炕上放着一个炕寝，虽然很旧了，但很好看，木质的小门上镶着陶瓷烧制的月季花，粉红色花朵绿叶，朴素而温馨。

李大钊与赵纫兰于1899年结婚，婚后由于外出求学和工作，两人真正生活在一起的日子多是学校寒、暑假期间。赵纫兰比李大钊大6岁，她识字不多，在家里承担着服侍老人、抚养子女的责任，积极支持丈夫的革命事业，一生含辛茹苦、勤劳勇敢。李大钊和赵纫兰共同生活27年，在老家之外生活最长久的地方，就是在这院子、这房间。

李大钊十分珍视夫妻关系，对妻子总是满怀感激之情。他认为："两性相爱，是人生中最重要的部分。应该保持它的自由、神圣、崇高，不可强制它、侮辱它、污蔑它、屈抑它，使它在人间社会丧失了优美的价值。"

1924年5月，在他去苏联参加共产国际五大，知道将留在那里工作的时候，写信给妻子："我这次出国说不定什么时候

李大钊故居

回来,你应当坚强起来,千万不要因为我的生活颠沛流离而焦急,应当振作起精神抚养和教育子女。不用多久,红旗将会飘满北京城,看那时的中国,竟是谁家天下!"

1927年4月6日赵纫兰和李大钊一同被捕,她护着女儿星华、炎华,在监狱里被关押22个昼夜,在法庭上与丈夫仅见一面。

李大钊英勇就义后,最让赵纫兰心痛的是丈夫的灵柩始终未能安葬。1933年4月,她抱病赶往北京,得到当时北京大学校长蒋梦麟等人的担保,为李大钊举行了公葬,将丈夫下葬于北京香山万安公墓。35天后的5月28日,即民间所说的"五七"忌日,由于悲伤和操劳,重病缠身的赵纫兰病逝,年仅49岁。她的孩子将她安葬在万安公墓父亲的墓旁。1936年6月,中共河北省委追认赵纫兰为中共党员。

卧室展室

西厢房

　　西厢房是李大钊的书房，这间房子是由三小间合成的一个大通间，北、西、南三面靠墙壁摆着四个大书柜，里面摆满了书籍，有中文的，也有外文的。东面窗户下，有一个相当大的写字台，写字台对面有两张条桌，条桌上面堆满了报纸和杂志，也同书籍一样，中文的、外文的都有。

　　李大钊身为北京大学图书馆主任兼教

书房展室

李大钊故居

授，是一位博学多识的学者。在这里，他写出的文章，涉及历史学、法学、政治学、教育学、伦理学和民族问题、妇女问题以及图书馆建设等内容，为中国现代文化不少领域都做出了开创性的建树。下面是对李大钊住在文华胡同24号时撰写文稿的统计：

1920年3～12月共计24篇；

书房一角

1921年共计47篇；

1922年共计40篇；

1923年共计41篇；

1924年1月共计3篇。

总共撰写各种文章152篇，文字总量33万多字。平均起来，不到9天便完成1篇。

在这间书房的书桌上，老旧的煤油灯、墨盒、笔架依然摆放在那里……

李大钊曾经在这间书房主持过党的会议，接待过文化名人、朋友、青年学生。这里是李大钊和青年朋友谈心的地方，也是同志们的聚会地。

书房的西墙边有一架黑色的旧风琴，是李大钊当年在宣武门内头发胡同的一个旧货市场买的。罗章龙在回忆文章中记载，1921年12月11日在这里召开工作会议，由罗章龙汇报陇海铁路罢工情况。为了庆祝罢工胜利，大家弹琴、唱歌、讲故事、说笑话。李家这种聚会，一直到后来党组织在陶然亭有了聚会活动的地点才改变。当时他们最喜欢唱的是《国际歌》。

共产国际代表马林（斯内夫利特）在他的回忆录中也记载了在这里召开党的会议的情况。

东厢房

东厢房与西厢房一样，也是由三间组成的。其中靠南的两间为一通间，是李大钊家的客房。李大钊为人谦和，乐于助人，时常有学生、朋友或党内同志来到李大钊的家中，就住在这间房子，他们在这里就和在自己家一样，吃住都由李家照应。

张太雷的夫人王一知1922年冬曾经在李大钊家居住过，就住在这间客厅里。她回忆道："我在他家中住了近一个月，这是我终生

李大钊故居

难忘的一段生活。""他圆圆的脸，面色有点苍白，细细的眼睛，留着胡子。脸上总是露出笑容。他穿着一件灰色的旧棉袍，一点架子也没有。"

就是在这间房子里，留下了于树德、邓中夏、瞿秋白、陈乔年、赵世炎、罗章龙、高君宇、张太雷、刘仁静、陈愚生、秦德君、邓培等许多著名人物的生活足迹。

东厢房北侧的一间是李大钊长子李葆华的居室。1920年全家搬到这里的时候李葆华

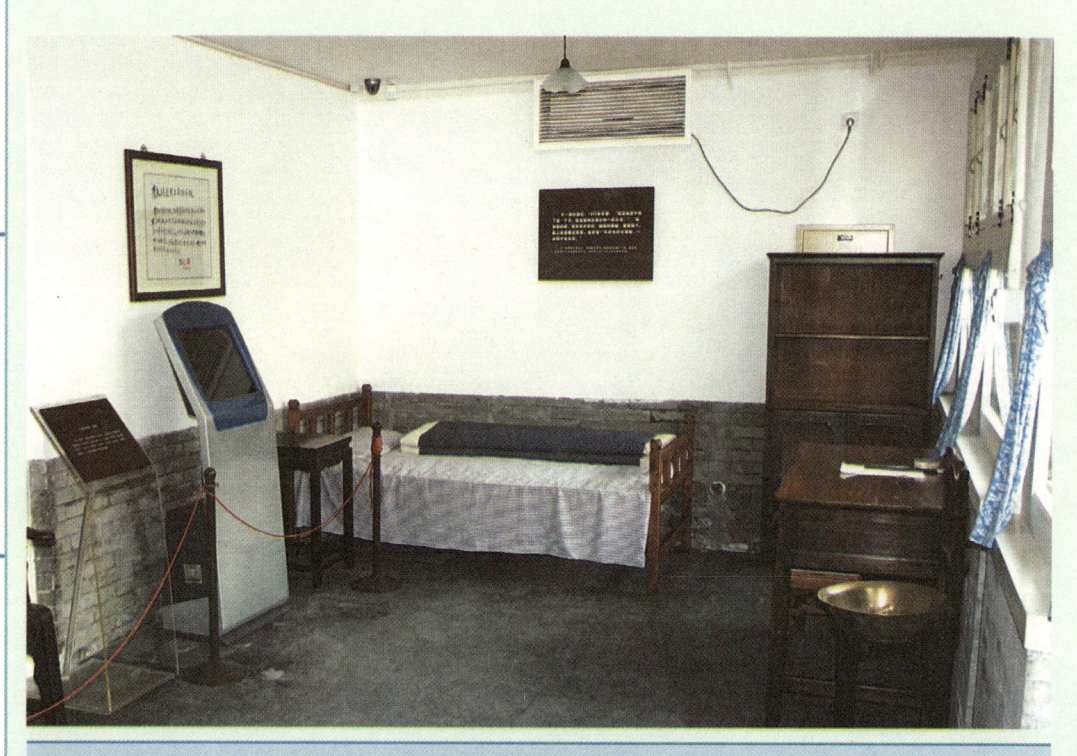

东厢房南侧的客房

Former Residence of Li Dazhao

书架

《呐喊》

11岁，在孔德学校读书；全家离开这里的时候他15岁。由于一生忙碌，李大钊和孩子们总是离多聚少，这里也是李葆华与父亲共同生活时间最长的地方。

李葆华居室的书架上有一本鲁迅的小说集《呐喊》，非常显眼。那是1923年短篇小说集《呐喊》出版后鲁迅赠给李大钊的那本。李大钊读过之后，认为这本小说集非常好，十分珍视，就把这本书介绍给孩子们，让他们认真地读它，和孩子们一起谈论这本书的价值。

李大钊十分注重对子女的教育，希望他们成为"遇山不愁、逢水不惧"的革命者。

在父亲的影响下，李葆华也逐渐走上革命道路。

李葆华（1909～2005）

李大钊长子。1925年加入中国共产主义青年团。1927年李大钊牺牲后，沈尹默等人帮助

带你走进博物馆

李葆华化名杨震去日本留学。1931年在日本加入中国共产党，任中共东京特别支部书记。回国后，历任京东特委书记、北平市委书记、晋察冀省委书记等职。1940年去延安。1945年，中共七大当选候补中央委员(化名：赵振声)。1948年任中共北平市委第二书记兼统战部长。1949年新中国成立后，任水利部党组书记、副部长（1958年改为水利电力部）。1962年任安徽省委第一书记，后任贵州省委第二书记，中国人民银行党组书记、行长等职。1982年退居二线。中共八届、十届、十一届中央委员，十二届、十三届中央顾问委员会委员。

西耳房

西耳房是李大钊的长女李星华的居室。李星华在这里居住的时候刚满9岁，她每天都要跟随着哥哥葆华到孔德学校上学。

李大钊十分喜爱星华，总叫她星儿。在

1949年4月，李葆华（左）与叶剑英（右）、赵毅敏（中）合影

Former Residence of Li Dazhao

紧张的教学和工作之余，李大钊经常和孩子们一起下军棋、做文明游戏，给他们讲革命的道理。有时李大钊还为孩子们写儿歌，曾经给星儿写过一首朗朗上口的儿歌：

欲求精神好，身体运动不可少。

课后食毕常运动，勿畏烦和劳。

身体健、体力高，看我将来做英豪。

下军棋是李大钊和孩子们最喜欢做的事情，没有棋子，他就让孩子们自己动手，用家里带有红、绿颜色的硬壳纸剪成长方形，在上面写上字当棋子；没有棋盘，就找来纸自己画棋盘。李大钊一有空闲，就喜欢和孩子们下军旗，吃过晚饭，一家人围坐桌前下上一盘棋，其乐融融。

西耳房展室

带你走进博物馆

李大钊故居

有一段时间，家里流行下军旗。

李大钊是一位伟大的共产党人，也是一位慈祥的父亲。

李星华（1911~1979）

李大钊长女。出生于河北省乐亭县大黑坨村，与母亲赵纫兰生活在一起。1918年夏，跟母亲到北京，从此在父亲身边，一边帮助母亲料理家务，一边上学。1927年与父母一起被捕，李大钊就义后，辍学照顾生病的母亲和幼小的弟妹。1932年加入中国共产党，后与组织失去联系。1933年为父亲公葬奔走，5月料理母亲丧事。长期在艰难中生活。1937年中法大学经济系毕业。1940年赴延安。1945年重新入党。新中国成立后，从事教学和民间文学工作。"文化大革命"中郁愤成疾，双目失明，在失明的情况下，坚持整理编辑《回忆我的父亲李大钊》一书。1979年病故，安葬在河北乐亭故居。她去世后不久，《回忆我的父亲李大钊》出版发行，为我们留下宝贵的精神财富。其中，李星华创作的《十六年前的回忆》曾编入小学生课本。

李星华在向学生讲述李大钊的事迹

东耳房

东耳房在堂屋的最东边，这里居住着李大钊的其他几个孩子，次女李炎华、次子李光华、小女儿李钟华。李光华1923年1月12

日就出生在这里，在这里学会说话和走路。李光华老人回忆说："父亲就义时我刚满四岁，从革命长辈那里，我才认识父亲所从事的伟大的事业。"

2007年4月28日，李大钊故居修缮竣工对社会开放的时候，84岁高龄的李光华老人再次来到故居，心情无比激动，连声说："是这里，是这里。"

小女儿李钟华，李大钊常常就叫她"小钟"。很多人都不知道她，因为她只在世上活了1岁多就夭折了，那是1924年的冬天。据李葆华回忆："小妹钟华在父

1983年李葆华（中）、李光华（右）、李欣华（左）三兄弟在香山万安公墓

李大钊故居

亲从广州开完国民党'一大'回来后病死了，得的是白喉，医生没看出来，以为是肺炎，结果耽误了，死时才1岁多。"李星华回忆："医生最后宣告：病已经治迟了。第二天中午，小钟华停止了呼吸，和我们永别了。小钟华死后，父亲很悲痛。埋葬了小钟华以后，父亲又投入了紧张的战斗生活。"

当年的东耳房留下了孩子们的欢声笑语，留下了孩子们的成长经历。

李炎华（1919~1966）

李大钊次女。1927年4月她也曾随父母、星华一同被捕，当时只有8岁。1933年母亲逝世，她在困难条件下刻苦学习。1936年加入中国共产党，1938年7月冀东抗日大暴动时，李炎华在抗日联军第十总队政治部做宣传鼓动工作，暴动失败后与组织失去联系。后在故乡大黑坨小学校任教。全国解放前夕调到冀东建国学院，新中国成立后调到北京工作。1966年病逝。

1927年李星华、李炎华、李光华在家中

李光华（1923～　）

李大钊次子。1923年1月12日出生在北京石附马大街后宅35号（今文华胡同24号）。1933年母亲病故后，光华在香山慈幼院度过了童年，最困难的时候连换季衣服都没有。1940年大姐李星华带着他奔赴延安。1941年3月入党，1942年任米脂县委宣传干事，抗战胜利后，1946年回到冀东，新中国成立后，先后任乐亭县委宣传部长、卢龙县委副书记、唐山市委宣传部副部长、唐山华新纺织厂党委书记、唐山钢铁厂第二书记。1959年调到北京，1977年任中国科学院电子研究所党委书记，1982年离休。

李欣华（1926～1989）

幼子李欣华，父亲牺牲时才6个月。1933年母亲病故时，只有7岁。在星华和亲友的抚育下成长，后到北京读书。1947年进入晋察冀根据地，1948年加入中国共产党，解放后一直从事教育工作，曾任北京市大峪中学校长、门头沟师范学校党委书记、教师进修学校校长。1989年病逝。

二、难忘的回忆

Former Residence of Li Dazhao

原石驸马大街后宅35号（今文华胡同24号院）坐落在北京西城区西长安街南侧文华胡同东段路南。文华胡同是一条僻静的胡同，和现代化大都市宽敞的大道相比，显得犹为窄小。

就是在这里，80多年前曾经居住过一位轰轰烈烈地改变了中国历史进程的伟人——李大钊。

这里留下了中国早期共产主义者们的足迹，留下了难以忘怀的回忆……

文华胡同

带你走进博物馆

铁肩担道义，妙手著文章

　　李大钊工作繁忙，偶尔闲暇，就喜欢写大字练书法。"铁肩担道义，妙手著文章"，是李大钊书写的一幅著名的对联，它源于明代忠臣杨继盛的诗句。

　　杨继盛曾任南京户部主事，后迁刑部员外郎，复改兵部武选员外郎。他刚直不阿，高风亮节，后因参劾权相严嵩十大罪状而被拘捕下狱。临刑前他在狱中墙上写下"铁肩担道义，辣手著文章"这一名联。

　　李大钊十分仰慕杨继盛的气节，也很欣赏这诗句，讲明写文章的道理，要有文字修养和认识深度，才能和肩担的道义相得益彰。在此基础上，结合陆游诗句"文章本天成，妙手偶得之"，将"辣"字改为"妙"字，改为"铁肩担道义，妙手著文章"，以此畅抒己志、勖勉友人。

李大钊手书"铁肩妙手"联

在1916年8月15日《晨钟报》创刊号上就选刊了"铁肩担道义",作为本期警语。1916年9月,李大钊手书此联赠给他的连襟杨子惠。

章士钊的夫人吴弱男很敬重李大钊,曾恳请做李大钊家孩子的指导老师,并认李大钊长女李星华为干女儿。1924年,章夫人向李大钊提出,希望给自己写张条幅作为纪念时,李大钊再次手书了"铁肩担道义,妙手著文章"一联。

这幅对联,可以说是李大钊光辉一生的真实写照。

雨天学歌

在李大钊家堂屋的北墙上,挂着一副玻璃框子镶着的绘画。画面上,一个年轻妇女坐在高山平台之上,怀里抱着一个乐器,正在弹奏。她的周围,围满了各种各样的飞禽走兽,有的蜷伏在地上,有的趴在山岭的树枝上,有的在空中飞旋。有一天,李大钊指着这幅画对子女们说:"你们看,音乐的力量是多么大!这个弹奏乐器的人,只要把手指轻轻一动,就把深山荒谷的飞禽走兽吸引在她的周围。你们看看,这些孔雀、仙鹤、狮子、老虎,还有各种叫不上名堂的鸟兽,一个个被音乐陶醉了。音乐不仅能陶醉人,而且还能鼓舞人心。"

有一天李大钊从头发胡同(头发胡同小市是专卖旧货的地方,李大钊喜欢到那里去买旧家具和旧书)的拍卖行里买回来一架黑色旧风琴,把它放在书房西墙下面,只要一有空暇,他就教孩子们唱歌。

有一天傍晚,一家人正在院子里乘凉,李大钊在书房里隔着窗子喊孩子们。孩子们跑进书房,才知道父亲又要教他们唱歌。

沉的声音唱着。孩子们第一次听到这两首歌，很新奇、也很兴奋，只学了几遍，就都会唱了，同时也被歌曲中所蕴藏的力量深深感动了。

李大钊在教歌时，还告诉她们歌词的含义。孩子们印象最深的是：

"不要说我们一无所有，我们要做天下的主人。"

"是谁创造了人类世界？是我们劳动群众。一切归劳动者所有，哪能容得寄生虫！"

李大钊还讲一些小故事、列举一些实例让孩子们对歌词的内容有一些理解，印象更深刻。至今李大钊的次子光华老人依然能哼唱当年的《少年先锋队歌》：

走向前去啊！曙光在前，同志们奋斗！
用我们的枪炮和热血，开自己的路！
勇敢向前，稳住脚步！

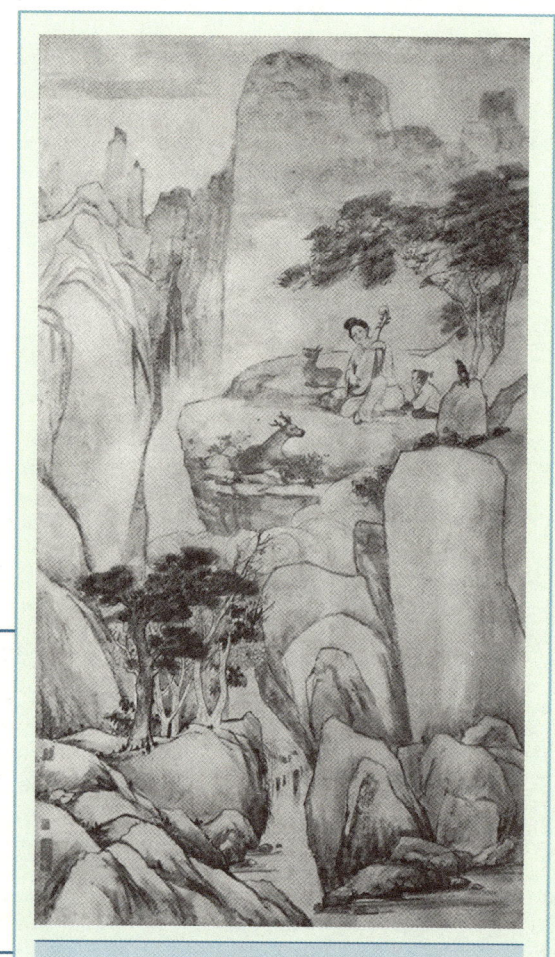

堂屋中堂画

接着李大钊就开始教他们唱《国际歌》和《少年先锋队歌》。他一边弹琴，一边用低

Former Residence of Li Dazhao

高举着鲜红的旗帜，

我们是——工人和农民的少年先锋队。

李大钊当时还告诉孩子们不能唱得声音太高了，以免街上的警察、暗探听见来抓人。所以李大钊一家平日里唱歌、学歌总是声音低低的，而每逢下雨天，借着雨声，歌声就可以嘹亮起来了，雨下得越大，歌声就越高。

而今新中国的孩子们再也不用等到雨天才敢唱这鼓舞人心的歌了。少先队员们佩带鲜艳的红领巾，来到李大钊故居，放开歌喉，纵情高唱《少年先锋队队歌》：

我们是共产主义接班人，继承革命先辈的光荣传统，

爱祖国，爱人民，鲜艳的红领巾飘扬在前胸，

不怕困难，不怕敌人，

顽强学习，坚决斗争，

向着胜利勇敢前进，……

现在的故居小院，时常传出孩子们朗朗的歌声。

学歌用的旧风琴

带你走进博物馆

爱花草，爱生活

李葆华回忆："在我的印象中，父亲从来没有抽过烟，酒喝一点，但不多。家里曾有一幅画鸭子的画，上面题有'水暖鸭先知'五个字。他喜欢瓷器、古玩啥的，买了一些。他喜欢养花。其中最喜欢的是菊花，有时一买一二十盆。其他的也买，家里也种'满天星'啥的。"院子里原种有海棠树，南面是花畦和盆花。李大钊是一位有远大理想的伟人，也是一位颇有生活情趣的父亲，他对生活的热爱、对理想的追求影响着他的子女。

"春江水暖鸭先知"

Former Residence of Li Dazhao

据李大钊的长女李星华回忆：

在老家后园子的边边角角的地方，父亲亲手栽了很多树，每年还种些各色各样的花。每逢暑假，父亲从北京回到老家歇伏，早晨他都要带着一家人到后园里散步，看一看他亲手栽种的那几棵槐树，几棵榆树，还有枣树，尤其是他种的牵牛花和蓝蝴蝶花，每到春天，它们就从软松松的黄土里冒出苗来，慢慢地长大，红红绿绿开满了一篱笆花。

有一次，父亲带着我去看他种下的那片牵牛花，只见花儿都已爬上了篱笆，红红绿绿地迎着早晨的阳光，开得像花山一样。一个个深蓝色的花骨朵，显得格外茂盛。我越看越兴奋，就要伸手去掐一朵红色的牵牛花，立刻被父亲用手拦住，他说："不要掐，花长在这上面多好看！"

"我要掐下来！掐下来好看。"我还噘嘴要掐。

"花一掐下来就会蔫的，不如让它长在上面大家看！"父亲这时板起了面孔。

"让它长在上面，大家看！"这句话让我觉得很有道理。美好的东西要让大家共同分享。

一年一年地过去了，老家后园子里亲手栽的小树，很快地长成了树林，花儿也更加茂盛了。一年一年地过去了，北京故居院内的两棵海棠树遇春花蕾绽放，逢秋果实累累。

李大钊的儿女们正是在父亲的教导下，懂得了爱花草，爱生活，明白了生活的意义和生命的真谛。

牵牛花

带你走进博物馆

开阔视野　博学多才

李大钊身为北京大学教授，在关心青年成长、培养青年成才的同时，非常重视自己子女的教育。他最喜欢思想灵活的人，认为一个好学生，应当具备各方面的知识。"考第一名的学生，往往抵不上考二三名的学生能力强，因为考第一名的学生里面有些人思路一点也不开阔，除了死啃书本以外，对世界上其他事情都不关心。"

他曾经对他的孩子们说："不要光在课本上兜圈子，你们也应该学着看一点课外读物，把眼光放远大一些，开阔视野才好。"闲暇之余，李大钊总是喜欢朗诵古诗词给孩子们听，还要逐字逐句地给他们做一番解释。

久而久之，孩子们深深地被父亲朗诵的古诗感染了，无论在走路的时候，还是在饭前饭后或是睡觉以前，都模仿着父亲的声

李大钊手书韦应物《寄全椒山道士》诗

调，喃喃地朗诵着父亲朗诵过的那些古诗。有时还把它们抄在自己珍爱的本子上。尤其是大女儿星华，不仅喜爱《木兰辞》和《孔雀东南飞》，也喜爱唐诗中杜甫的《石壕吏》

和白居易的《卖炭翁》、《琵琶行》。

李星华曾在《回忆我的父亲李大钊》中有这样一段回忆：

在一个夏天的晚上，院子里的晚香玉开得白一片黄一片的，满院里飘散着浓郁的花香。全家坐在海棠树下乘凉。父亲心里一高兴，就朗诵起古诗来了。母亲坐在他的身旁，也满有兴趣地跟着他的声调，背诵两句，我也喃喃地背起《石壕吏》来了。

父亲见我也被古诗迷住了，笑着问我："这几首诗有哪些地方吸引着你呢？"

我说："不知道，只是读起来觉得痛快。"

父亲说："这几首诗，都是写实的东西，所以有很高的价值。《孔雀东南飞》是描写封建家庭的黑暗，只要妈妈满意儿子就得满意，这是一种很不合理的社会现象。《石壕吏》是描写战争中官府抓兵的残暴情形。《卖炭翁》里同情一个卖炭人的穷苦生活。这种写实的东西太好了，写出来叫大家看了就能了解当时社会的不合理，唤起大家去改造社会！"

可惜父亲空闲的时间太少了，像那天晚上那个小小的聚会，实在不多。

……

除了教孩子们古诗词，李大钊还买回一些课外读物让他们阅读，如《太平天国演义》、《义和团演义》、《清宫演义》等。

孩子们喜欢这些书，读起来也很有兴趣，常常是吃过晚饭后，孩子们坐在北屋的廊子下面一张小书桌旁边，翻读着这些"演义"。李大钊时常提醒孩子们"黄昏的时候不能看书，会把眼睛看坏的，等上灯再看吧"。他也常和孩子们交谈起太平天国，从太平天国运动的爆发一直说到它失败的原因。

同时李大钊教给孩子们读书的方法，他说："你们看《太平天国演义》以前，先

看看《清宫演义》,对于太平天国就更容易理解了。"

在子女学习成长过程中,李大钊还向孩子们介绍了多方面的知识和方法,使他们逐渐开阔了眼界、增长了知识。

夫唱妇随 琴瑟和谐

李大钊的妻子赵纫兰,长李6岁。两人是奉父母长辈之命成婚,然而感情甚笃,赵纫兰尽其所能支持丈夫的事业,李大钊对此从未忘怀。他的《狱中自述》曾有此记载:"钊在该校肄业六年,均系自费。我家贫,只有薄田数十亩,学费所需,皆赖内人辛苦经营,典当挪借,始得勉强卒业。"

赵纫兰默默支持李大钊的革命事业。一年冬天,有位革命青年受组织委派到远方工作,来李大钊家中向他告别。李大钊发现这位青年穿着单衣,爱抚地说:"这样怎么能过冬?"便去里屋和夫人商量,把给儿子做的新棉衣送给那位青年。李夫人是个极厚道慈祥的人,从来都支持丈夫的行动。这次她却犹豫了一下。原来,大儿子葆华的棉衣早就破得不能再穿了,刚刚做了件新

李大钊夫人赵纫兰

棉衣,还没有上身。李大钊急了,说:"人家马上就要去远方工作了,没有棉衣怎么行,快拿出来吧!"就这样,新棉衣穿在了这位革命青年身上,而大儿子葆华的身上,依旧穿着那件破棉衣过冬。

李大钊就义后,赵纫兰独力抚养五个子女,生活清贫,时常需要靠李大钊生前好友接济才能勉强度日。1933年社会各界为李大钊举行公葬后的第35天,身染沉疴、心力交瘁的赵纫兰追随李大钊而去,她与李大钊一起安葬在香山万安公墓。

艰苦朴素　　温良敦厚

李大钊一生读万卷书,行万里路,自奉节俭、持身严谨。他居室简陋,食不兼味,服饰简单,"大布之衣,大帛之冠";以革命为家,支持党的事业不遗余力,对同志视如兄弟,见善如不及,有过必规劝。他曾经对罗章龙说:"人生一世如闪电火花,白驹过隙,稍纵即逝,只有努力为革命献身才觉心安理得,不致虚度一生。"

1924年6月,共产国际第五次代表大会在莫斯科召开,中共中央参加会议的代表有李大钊、荷波和罗章龙。李大钊自北京经满洲里先期到达莫斯科。罗章龙与荷波当

李大钊与苏联孤儿院儿童在一起

时已调至中央工作，由上海启程，经满洲里，到达莫斯科，与李大钊同住在莫斯科卢克斯大旅馆。来自世界50多个国家的共产党、工人党所派遣的代表几百人云集于此，盛况空前！中国代表团包括共产党、共青团、赤色工会、妇女、各团体工作人员，人数颇多。李大钊和罗章龙同住在卢克斯大旅馆的三楼，每天整理文书，参观访问，草拟文电，为国际报刊写文章和通讯，从清晨到深夜，十分繁忙。李大钊精力充沛，毫无倦容，坚持工作。

他们旅俄期间，李大钊仍如往常在国内一样保持朴素生活，着普通衣，穿桦皮鞋（苏联人以桦树皮所做的便鞋），自己打扫房间，接待各国来访客人，经常谈至深夜，待客人走后埋案继续写文章和通讯，生活非常清俭。

会后罗章龙要赴欧洲参加赤色职工代表

李大钊送给罗章龙的毛毯

大会，李大钊在为罗章龙送行时，看见罗章龙衣着单薄，便说："你此去东行，将风雪载途，如何得过夜？"于是拿出自己仅有的一块毛毯送给了他。

事后，罗章龙看见毛毯端刺绣有蔷薇图案，知道是出自李夫人之手，屡次想要退还，终未如愿。李大钊牺牲后，罗章龙更加珍惜这条毛毯，做为传家宝留给后人。2001年，罗章龙孙女罗雨笙将毛毯赠予河北乐亭李大钊纪念馆。

几十年后，罗章龙老人回顾自己与李大钊朝夕相处、共同战斗的经历，回忆李大钊

Former Residence of Li Dazhao

伟大的思想和高尚的人格，仍然不禁感慨万千。1980年罗章龙老人还写诗凭吊：

> 万安公墓夕阳明，满目蒿莱碣石横。
> 雷霆无声天宇净，山河并寿李先生。
> 精禽衔石共经天，风雨同舟济巨川。
> 道义平生师与友，人民怀念万千年！

南陈北李　微服出京

1920年1月，农历己未年年底，正是北京城里百姓准备过年的时候。就在街市熙熙攘攘的人流中，谁都没有注意，一辆骡车不疾不徐地驶出朝阳门，它是那样地不起眼，就像是北京一驾外出收账的普通骡车一样。车中坐着个身着厨师衣服、头戴毡帽的中年人，车夫亦是衣着朴素，身携帐簿，没有人对他们的身份心生怀疑。然而当骡车驶入旷野，车上两人

建党时期的李大钊与陈独秀

带你走进博物馆

开始了交谈。他们谈话的内容，却是如何建立中国共产主义组织的大计，紧密关系着一个风雨飘摇、腐朽黑暗的国家的未来命运。

车中两位正是新文化运动的倡导者，中国共产党创始人和早期主要领导者——李大钊和陈独秀。

五四运动爆发后，陈独秀因在京散发传单被北洋政府逮捕，直到1919年冬才被释放。其后陈独秀又赴武汉演讲，令北洋政府大为不满，意欲在他回京后再次逮捕。李大钊等人得知消息后，决意设法保护陈独秀逃离京城。

在乘坐火车和汽车都十分危险的情况下，李大钊站出来，扮作普通的生意人，用一辆骡车护送陈独秀出京，一路上交涉打点均由他出面，一直将陈送至老家乐亭大黑坨村。稍住数日，陈独秀才赶往天津，取道海路前往上海。

之后，李大钊并没有张扬此事。对于陈如何逃离京城，京城内外众说纷纭，此事一时成谜，甚至革命同志亦不知详情。直到陈独秀抵沪之后来信，李大钊才向友人告知此事，众人才得以明了。"南陈北李，微服出京"，陈李二人深笃友谊的这段佳话，被传诵至今。

罗章龙先生为此赋诗：

北大红楼两巨人，纷传北李与南陈。

孤松独秀如椽笔，日月双悬照古今。

思想巨擘　道德楷模

李大钊信仰、传播马克思主义，自然而然被当时的军阀政客所痛恨，讽刺与攻击不计其数，然而却从来没有人指责过李大钊的私德。

李大钊任北京大学图书馆主任时的薪金，1920年为每月120元，改任教授兼图书馆主任，又提高了一些，加上在各学校兼职

的收入，每月能到200~240多元。当时的物价两元即可买25公斤面粉，李大钊是可以使自己过上比较稳定和富裕生活的。毛泽东曾说过，他在北京大学图书馆的那段时间，每月有8元的工资就解决了生活问题。

每月全部薪水有二百多元，是一笔不小的数目，但这些钱大都被李大钊用来接济贫困的进步学生，补充组织经费，自己和夫人、几个孩子却节衣缩食，每月只花三、五十元的家用。每月发薪的时候，学校会计科总是给他送来一大叠借条，扣除后薪水就所剩无几了。李夫人常为柴米油盐而发愁。蔡元培校长为此深受感动，但劝他也无用，只好关照会计科，每月发薪时硬性扣下一部分钱直接交给李夫人。蔡元培说："要不然他把钱全部给了贫苦学生，李夫人就难为无米之炊了。"

李大钊为青年学生写的介绍信、担保信

李大钊一生过着清贫俭朴的生活。他不抽烟，不喝酒，没有任何嗜好。他经常穿的是一件洗褪了色的灰布长袍，一双终年不换的旧皮鞋，上班时带上两个馒头，中午就着开水吃，从来舍不得进饭馆。

张太雷的夫人王一知曾回忆：

1922年冬季，我在他家中住了近一个月，这是我终生难忘的一段生活。他圆圆的脸，面色有点苍白，细细的眼睛，留着胡子。脸上总是露出笑容。他穿着一件灰色的旧棉袍，一点架子也没有。

他一家生活的石驸马大街后宅35号，经常成为党团同仁开会讨论的场所。学生友人无一不对李大钊钦佩、敬重，在他们看来，李大钊先生待人谦和，治学严谨，温文的君子之风与磅礴的思想理论交相辉映，使他近乎完人，堪称道德楷模。

有一年，李大钊只能拿到三个月的薪

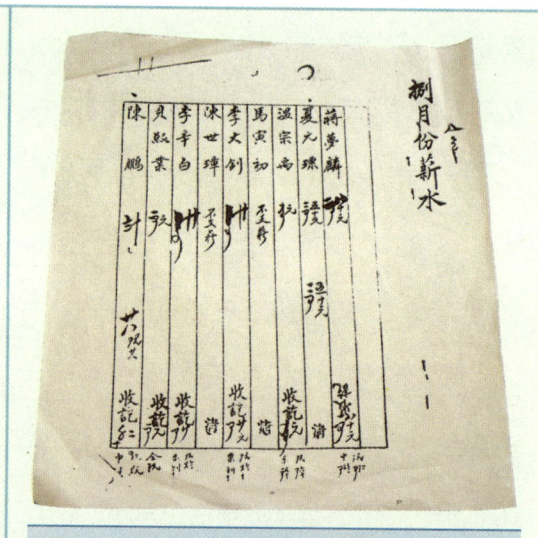

李大钊在北京大学的薪金表

金，生活十分困难。就在这个时候，有个青年学生没有饭吃，他就让夫人把家中暂时不用的衣物送进当铺，当出钱来给了那个学生。李大钊牺牲后，家中一贫如洗，毫无积蓄，李夫人拿不出钱来买棺木，还是朋友们募捐购买的。

曾与李大钊一起工作的著名的爱国民主人士张申府这样评价李大钊："他的思想的前进，他的行动的积极，他的为人的纯洁，他

的对人的温厚,他的道德的高尚,他的革命情绪的热烈,所有这些兼而有之,真可说是一时无两。"

五峰山上的足迹

五峰山,坐落在河北省昌黎县城北5.3公里的地方,是古老而神奇的碣石山群峰的一部分。五峰山上的韩文公祠,是明朝崇祯十四年(公元1641年)为纪念"昌黎伯"唐代文学家韩愈所建的庙宇。这里是李大钊生前非常钟爱、多次游览的地方。

李大钊"性乐山","而于童年昕夕遥见之碣石,尤为神往"。1907年夏天,他与两三个永平府中学堂的同学到天津考学归来,在昌黎下火车后冒雨到碣石山中游览,一下子闯入五峰山的"人间奇境",从而与五峰山结下不解之缘。

1913年秋天,他天津北洋法政专门学校毕业后准备去日本留学,特意与学友结伴到五峰山韩文公祠逗留,借以同祖国山河作别。在这里,他写出了《游碣石山杂记》,并盟誓碣石,誓与当时枪杀五名铁路警察、制造昌黎车站惨案的日本侵略者不共戴天。

1917年5月6日,从日本求学归国的李大钊,借由北京返回家乡之机,再游碣石山,专程到五峰山韩文公祠旧地重游,登"望海峰"望海,并写下《旅行日记》。他在出任北京大学图书馆主任之后,将五峰山韩文公祠择为

昌黎五峰山

李大钊故居

自己的避暑之地，接连两个夏天到五峰山韩文公祠度假，从事重要的革命活动。

1918年夏天，李大钊在这里领悟了俄国十月革命的真谛，进行了马克思主义在中国传播的拓荒工作，并尝试白话诗创作，吟出了《山中即景》及《悲犬》等诗。

韩文公祠

1919年夏天，他在这里寄出了与胡适论战的著名公开信《再论问题与主义》，写出了我国系统介绍马克思学说的长篇论著《我的马克思主义观》，高高举起了马克思主义的大旗，为创建中国共产党奠定了理论基础。同时，他还忙中抽闲，写出了《五峰游记》和《岭上的羊》等新诗，并启用了他后来一直很喜爱的笔名"孤松"。

1920年春节前夕，他在护送陈独秀由北京转道天津返回上海并"相约建党"后，在由天津返乡途中特意取道昌黎，观赏了五峰山的冬景。后来，他还带夫人和女儿到这里做客。

1924年五、六月间，他在这里避开了北洋军阀政府的缉捕，并由这里启程赴苏联首都莫斯科，出席了共产国际第五次代表大会。

之后，他再没时间来过五峰山。

Former Residence of Li Dazhao

李大钊在五峰山累计留居有近3个月之久，他钟爱碣石山的绝美风光，前后登临达七八次之多，古老的五峰山韩文公祠中留下了他生活和革命的足迹。李大钊的长女李星华在《回忆我的父亲李大钊》中记录了李大钊1919年避居五峰山的情形。她写道：

1919年暑假中，父亲把我们全家送回故乡乐亭以后，就到昌黎五峰山去了……

父亲喜爱游览山水，胸襟开阔，他始终保持着乐观主义的战斗精神……

父亲这次在昌黎山进行了一场捍卫马克思主义的光荣战斗。他就是这样充满战斗精神，严肃而又轻松愉快地在昌黎山上度过了一个夏天。

而今，昌黎五峰山也建起了李大钊革命活动旧址，韩文公祠有"李大钊革命活动纪念室"。

翰墨情缘

李大钊喜欢读古诗，也喜爱书法。留给后人的，除了著名的对联"铁肩担道义，妙手著文章"以外，还有李大钊书写的唐代诗

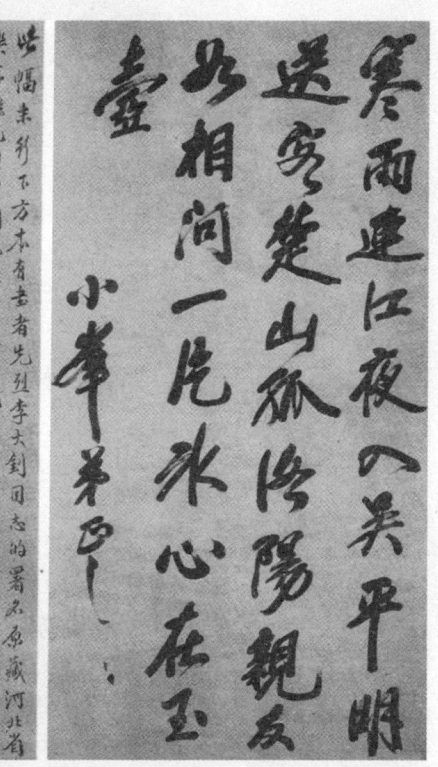

李大钊手书王昌龄《芙蓉楼送辛渐》诗

带你走进博物馆

李大钊故居

李大钊与孙中山（油画）

人韦应物《寄全椒山中道士》以及唐代诗人王昌龄的《芙蓉楼送辛渐》。而李大钊与孙中山先生的一段翰墨情缘却鲜为人知。

1923年，年仅21岁的青年学者萧一山编撰完成了《清代通史》，全书分上、下两卷，共5册，共400多万字，是一部系统研究清代统治者从发迹、兴盛到覆灭的编年史。该书史料翔实，文笔流畅，征引宏博，颇受史家青睐，也深为政界人士关注。李大钊为之作序，并通过时任北京大学校长的蔡元培延请孙中山先生题写书名。

当时，孙中山正要从上海回到广州，重

建广东革命政府，以及筹备1924年1月在广州召开中国国民党第一次全国代表大会，奔南闯北，日理万机。蔡元培一时无法和孙中山取得联系。

当时，《清代通史》的上卷稿子已交印书馆作最后编审，行将付梓。时间一天天紧迫，蔡元培始终没联系上孙中山。印书馆一再催促，最后，李大钊、蔡元培和萧一山商议，只好决定先斩后奏，由李大钊题写书名，并署上孙文的名字；并且，印刷书稿和联系孙中山先生的事同步进行。联系上了，就换上孙中山题签的封面，如来不及了，就在事后向孙中山说明情况。

后来李大钊和蔡元培见到孙中山时，由李大钊手书的"铜山萧一山编、清代通史、孙文署"封面的《清代通史》已经出版面世。李大钊握着孙中山的手，非常歉意地向孙中山说明原委。孙中山却微笑着说："这很好嘛，就保持这个样子吧！我就不用再题写了。"从此，封面印有"孙文署"，实为李大钊手迹的《清代通史》一直行世。

20世纪60年代，台湾商务印书馆再版发行《清代通史》全卷，封面改用沈尹默的题字，原封面题字则移入该书的扉页。1985年

华东师大版《清代通史》

9月，中华书局根据台湾商务印书馆1980年第五版修订本影印发行《清代通史》，2006年3月1日华东师范大学出版社再版《清代通史》，全书五卷，沿用了李大钊手迹的"清代通史"，仍用"孙文署"字样。

重视军事　输送人才

1921年中国共产党成立以后，李大钊负责领导北方地区党的工作，他关注军队建设，重视培养军事人才，领导北方区委成立了军事运动工作小组，组织了黄埔军校的党团员积极分子训练班。李大钊曾先后将50余名共产党员送到黄埔军校去学习，如刘志丹、王一飞、张宗逊等，李运昌也是其中之一。

李运昌，河北乐亭县木瓜口村人，距李大钊的老家大黑坨村只有8里路，并且是同一个宗族。1923年李运昌入乐亭中学，当时的中学校长是来自北京大学的王岑伯，这是一所新型的学校，学习白话文。在中学李运昌就知道了李大钊，知道了李大钊是新文化运动的先锋，是五四运动的领导者，同时阅读了《马克思主义浅说》、《唯物主义浅说》、《新青年》、《向导》等进步书刊。特别是李大钊在《新青年》杂志发表的《青春》一文，"以青春之我，创造青春之家庭，青春之国家，青春之民族，青春之人类，青春之地球，青春之宇宙"等充满激情的语句，极大地鼓舞了李运昌的爱国热情，渴望自己能走李大钊先生那样的路，渴望去第一个社会主义国家苏联看一看。他积极地参加乐亭的学生运动，并于1924年加入社会主义青年团。

1925年秋，李大钊指示中共乐亭县委，动员一批青年到苏联学习。组织研究决定派李运昌和另一位同学去苏联。当时李运

Former Residence of Li Dazhao

李运昌手迹

昌新婚不久，他的母亲也不愿意自己的儿子远走异国他乡。李运昌对母亲谎称去天津开学联会议，"骗"得了路费，和同学来到北京。

在北京，李大钊热情地接待了两位来自家乡的青年，但不无遗憾地告诉他俩，去苏联的船几天前已从天津启航，于是希望他俩报考黄埔军校，并向他们介绍说："黄埔军校是专门培养革命军事干部的学校，是国民党和共产党合办的新型军事学校。你们学了军事，将来对中国革命会有极大的好处。"

李运昌在北京参加了黄埔军校的入学考试，不久就被录取。带着李大钊先生的嘱托，他南下广州，进入黄埔，成为黄埔军官学校第四期的学生。从此，李运昌开始了他的军人生涯。1925年11月，李运昌在黄埔军校由社会主义青年团团员转为中国共产党党员，后来逐渐成为高级军事指挥员。他曾领导了冀东人民反抗日伪统治的大暴动，并在抗战胜利后率部首入东北。曾任冀热辽军区司令员兼政委，东北人民自治军第二副总司令。1949年1月担任中共热河省委书记。新中国成立后，历任交通部常务副部长、党组书记，第一副部长等职。

李运昌老人九十多岁时回忆起李大钊对他的帮助和教育，依然感慨万分。

三、光辉而短暂的一生

李大钊的一生虽然短暂，却是光辉的。正如他在《牺牲》一文中写道："人生的目的，在发展自己的生命，可是也有为发展生命必须牺牲生命的时候。因为平凡的发展，有时不如壮烈的牺牲足以延长生命的音响和光华。""高尚的生活，常在壮烈的牺牲中。"

少年立志　寻求真理

1889年10月29日，李大钊出生在河北省乐亭县大黑坨村。李大钊出生前的6个月，他的父亲李任荣因病去世了；不满两周岁的时候，他的母亲因丈夫早逝，忧虑成疾，也相继去世了。李大钊成为孤儿，由他六十多岁的祖父李如珍抚养。祖父李如珍知书达理，为人忠厚耿直，把全部的心血倾注到对孙子的培养上面，期盼他能出人头地。李大钊3岁开始识字，4岁开始书写，7岁起先后在本村私塾和邻村学馆读书。

1905年，16岁的李大钊考入永平府中学堂（现唐山一中），学习科学知识和英文，开始接触西学。

1907年9月李大钊为"深研政理，求得

李大钊铜像

李大钊故居

挽救民族，振奋国群之良策"，考入六年制的天津北洋法政专门学校，接受了系统的政法教育，参加了法政学会的活动。在《言治》上发表的《隐忧篇》、《大哀篇》等文章，"浑厚磅礴为全校之冠"，由此他被誉为"北洋三杰"之一。

1913年，为了进一步寻求救国救民的真理，李大钊在友人资助下远渡重洋，考入日本早稻田大学政治本科继续求学深造。在早稻田大学他阅读了大量社会科学著作，开始接触社会主义思想和马克思主义学说。

虽然身在异国，但他却始终牵挂着自己的祖国。1915年1月18日，日本政府向袁世凯提出了灭亡中国的《二十一条》。李大钊得知后，积极联络留日学生奋起反抗，并代表留日学生总会起草了《警告全国父老书》，号召全国人民"举国一致，众志成城，保卫锦绣之河山"。

为了直接投入到国内的革命斗争中，1916年5月李大钊毅然辍学回国。他在《狱中自述》中这样写道："留东三年，益感再造中国之不可缓，值洪宪之变而归国。"

青少年时期的李大钊

Former Residence of Li Dazhao

北洋法政专门学校旧址

积极倡导新文化

李大钊从日本回国以后，立刻投入到国内正在兴起的新文化运动。1916年7月，李大钊应邀创办《晨钟报》。

1916年9月《新青年》第二卷第一号发表的《青春》一文，集中反映了李大钊的爱国热忱。文章写道："以青春之我，创建青春之家庭，青春之国家，青春之民族，青春之人类，青春之地球，青春之宇宙。"这篇朝气蓬勃的文章，激励了当时一代中国青年。

1917年1月，《甲寅》日刊在北京创刊，受章士钊邀请，李大钊担任编辑工作。1917年1月28日至6月25日，他在《甲寅》日刊接连发表了70多篇文章，抨击反动统治和封建文化。

　　1918年1月，在章士钊的推荐下，北京大学校长蔡元培聘请李大钊任北京大学图书馆主任。至此，李大钊站到了新文化运动的最前沿，成为新文化运动的积极倡导者。北京大学图书馆也成为传播新文化新思想的重要阵地。在北京大学任职以后，李大钊就开始参加《新青年》编辑部的工作，同时又与陈独秀一起创办了刊物《每周评论》。这期间，李大钊发表了大量文章，针砭社会时弊，

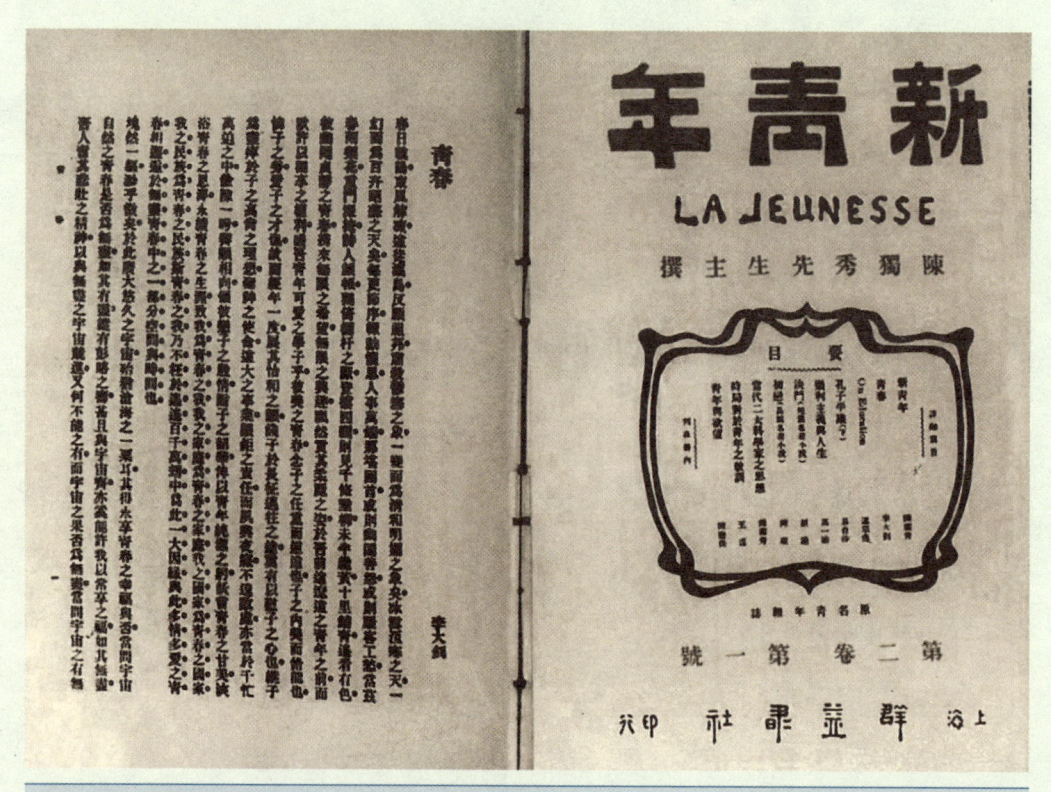

《新青年》第二卷第一号

Former Residence of Li Dazhao

1920年，李大钊（右一）与胡适（右二）、蔡元培（右三）、蒋梦麟（左一）在西山卧佛寺

抨击军阀统治，成为先进文化的领军人物。

李大钊、陈独秀等一批具有新思想、新文化的优秀知识分子，积极倡导科学与民主，他们的行为影响和教育了当时的很多青年人。在北京大学，李大钊受到了学生们的尊重和爱戴。在一次民意测验中，同学们把李大钊的名字和列宁、孙中山列在一起，他成为青年学生心目中的伟大人物。

传播马克思主义

李大钊是中国传播马克思主义的第一人。1919年7月，《我的马克思主义观》在

李大钊故居

《新青年》第六卷第五号、第六号上发表，共约26000多字，把唯物史观、政治经济学、科学社会主义这三个马克思主义的组成部分联系起来加以论述。这是我国最早的系统而全面地介绍马克思主义基本原理的重要著作，它是李大钊成为马克思主义者的重要标志。

李大钊组织有志于研究马克思主义的青年，在北京景山东街2号创办"亢慕义斋"，即德文"共产主义小屋"，认真、准确地翻译马克思、恩格斯、列宁等人的著作，研究他们的思想理论。到1922年4月，已有英文书籍数百册，报刊上百种，并设有英、德、法三个翻译小组，出版了中文版的马克思主义经典著作《共产党宣言》等。

在石驸马大街后宅35号居住期间，李大钊除在北京大学正式授课外，经常在校内外举办讲座，先后到上海、杭州、武汉、天津等地讲学，宣传社会主义思想。这些讲演反响极为强烈。

李大钊也是最早提出马克思列宁主义要与中国实际情况相结合的学者。他阐明了只有社会主义能够救中国，只有社会主义能够富强中国。他认为在社会主义实行"极公平的分配，以发展生产力为根本任务""社会主义是要富的，不是要穷的，是整理生产的，不是

中文版《共产党宣言》

破坏生产的"、"中国的社会主义'将来发生之时，必与英、法、德……有异'"、"各国所有的特色亦岂可忽略，""社会主义在中国的实现必须经过三阶段：一、政权的夺取；二、生产及交换机关的社会化；三、生产分配及一般执行事务的组织"。李大钊指出了中国所走的社会主义道路，是具有中国特色的社会主义。

毛泽东曾经说过："1921年至1924年之间，李大钊继续宣传共产主义、唯物史观，是马列主义，实实在在，有书为证。"

《我的马克思主义观》一文

李大钊故居

景山东街亢慕义斋旧址

率先开创史学理论

1920年7月8日，经北京大学评议会全体通过，李大钊为北京大学教授兼图书馆主任。这一时期，李大钊在北京大学的工作开始从图书馆向教学转移。先后开设了多门新课程，其中有《社会主义与社会运动》、《唯物史观》、《史学思想史》、《史学要论》。

《史学要论》是李大钊多年史学研究的结晶，是李大钊系统地阐述史学思想的一部精粹之作。1924年5月由商务印书馆出版，是20世纪中国史学上最早的史学理论著作之一。它阐述了历史学的一些重大理论问题，全书结构严谨，言简意赅，分为六章，论述了"什么是历史"、"什么是历史学"、"历史学的系统"、"史学在科学中的位置"、"史学与其相关学问的关系"、"现代史学的研究及于人生态度的影响"等重大理论问题。

李大钊对马克思主义历史学诸问题的主张，为创立马克思主义新史学指明了方向，为马克思主义史学在中国的发展奠定了基础。书中反映了李大钊对马克思主义唯物史观的信念，对史学的性质与任务的分析，对史学之影响到社会、人生的关注等，今天读来，仍使人感觉到它的巨大理性力量和深沉的激情涌动。

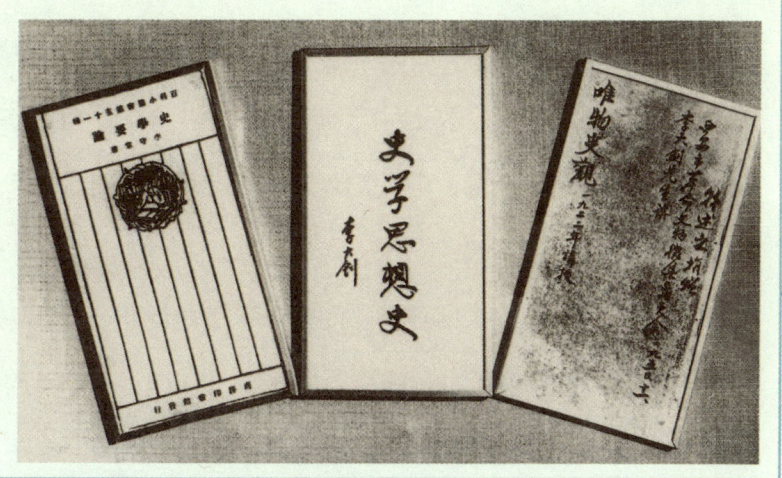

《史学要论》等李大钊编著的讲义

创建中国共产党

马克思主义在中国的传播和五四运动的爆发，为中国共产党的成立奠定了组织上和思想上的基础。李大钊曾在《团体的训练和革新的事业》中明确提出："中国必须急急组织一个团体，这个团体不是政客的组织，也不是中产阶级的政党，而是一个平民的劳动家的政党。"

1920年1月，陈独秀从武汉讲学回到北京，因受到警察当局的追捕，便由李大钊护送，化装离开北京去上海。分手之前，他们分析了中国当时的国情，交换了建党的意见，并决定南北相约建党。

李大钊和陈独秀在建党初期，书信来往频繁，关于为党起名的问题，陈独秀来信问李大钊，李大钊和张申府研究后，定名为"中国共产党"。

1920年3月，李大钊在北京大学秘密组织成立了马克思学说研究会。研究会很快发展到全国，很多地方成立了分会，很多会员后来参加了中国共产党。

1920年9月，北京共产党早期组织——北京共产主义小组建立。成员有李大钊、邓中夏、张国焘、张申府、罗章龙、刘仁静、高君宇、缪伯英、何孟雄、范鸿劼、张太雷。同时，在李大钊的关心和支持下，北京社会主义青年团成立了。这些组织，后来都成为了中国共产党的早期组织。

1921年4月，共产国际代表马林来华，他经上海来到北京，与李大钊商谈成立中国共产党的相关事宜。经过李大钊、陈独秀的建党准备，以及各地共产主义小组的筹备工作，1921年7月23日中国共产党第一次全国代表大会在上海召开——中国共产党诞生了。

Former Residence of Li Dazhao

北京共产主义小组成员(依次为：高君宇、缪伯英、何孟雄、范鸿劼、张太雷、张国焘、邓中夏、罗章龙、刘仁静)

带你走进博物馆

李大钊故居

上海中共一大会址

李大钊因领导北京国立高校教职员进行索薪斗争，未能参加中共一大，经研究决定派张国焘、刘仁静作为北京代表出席大会。同样由于公务难以脱身，陈独秀也未能参会，只在1921年11月签发了《中国共产党中央局通告》。会议议定由李大钊负责领导北方地区党的工作，陈独秀负责南方地区党的工作。这就是人们常说的"南陈北李，相约建党"。

李大钊为中国共产党的创立做出了重大贡献，1983年，中国共产党中央委员会对此做出了肯定的评价，在李大钊烈士的碑文中写道："大钊同志为建立中国共产党努力奋斗，是我党主要创始人之一。"

Former Residence of Li Dazhao

领导北方工人运动

中国共产党成立以后，把工人运动作为党的中心工作，成立了公开领导全国工人运动的劳动组合书记部。

李大钊代表党中央负责指导北方党组织的全面工作，领导发动了工人运动的第一个高潮。当时，除长辛店、唐山等地外，党在

20年代初北方工人罢工示意图

李大钊故居

北方工人中的工作还处在开创时期，李大钊同志和北京党组织做出了重大努力，为工人运动的高涨在思想上、组织上进行了充分的准备。

1921年7月间，北京党组织在他的领导下，创办了我国早期的重要工人刊物——《工人周刊》，大量介绍国内外劳工消息，着重报道各地工人受奴役的痛苦生活以及团结起来进行斗争的情况，启发工人的阶级觉悟，号召各地成立工会组织，从而成为北方

国民党一大会址

最受工人欢迎的一个刊物，被誉为"劳动者的喉舌"。

1922年8月，李大钊同志参加中共中央在杭州西湖召开的特别会议，于9月回到北京，立即领导北方工人展开大规模的罢工斗争。8月间的长辛店工人大罢工是工潮的起点，9月间爆发了京奉铁路山海关铁路各工厂工人大罢工，10月间唐山铁路工厂工人罢工以后，又爆发了闻名全国的开滦五矿三万余工人的大罢工，唐山启新洋灰公司等大工厂两万余工人举行罢工，直至12月间正太路石家庄机器厂工人的罢工。铁路工人的罢工都是针对着军阀和军阀政府的，开滦大罢工则直接把锋芒指向帝国主义，使北方工人运动迅速地由经济斗争转向反帝反封、争取民主权利的政治斗争，为1923年2月7日爆发的京汉铁路政治大罢工，锻炼了队伍，积累了经验。工人的罢工运动风起云涌，推动了第一次全国工人运动高潮的到来。

"二七"政治大罢工虽然遭到反动军阀的血腥镇压而失败，但它却显示了中国工人阶级彻底的革命性和高度的组织性、纪律性，显示了工人阶级的巨大威力，提高了中国共产党和工人阶级在全国人民中的政治威信。

李大钊是这次大罢工的主要领导者之一。他积极做好"二七"惨案后的工作，鼓励工人阶级振作起来，更加坚定地投入新的斗争。李大钊在"二七"大罢工以后所做的许多工作，推动了北方革命运动继续向前发展，迎接革命新高潮的到来。

促成国共两党合作

第一次国共合作，李大钊居功至伟。他曾多次代表中国共产党与孙中山先生

会谈,不到两年的时间里他五跨长江、三赴上海、两下广州,为促进国共两党的合作而忙碌着。

1922年7月,中国共产党第二次全国代表大会在上海召开,会上通过了《关于民主联合战线的决议案》;8月,又在杭州西湖召开了中共中央特别会议,确立了与孙中山领导的国民党建立联合战线的发展策略。

1922年8月,李大钊受党的委托,在上海会见孙中山,商谈国共两党的合作问题。李大钊对时局的看法,深为孙中山所赏识。孙中山与之彻夜长谈,加以信赖。在孙中山主盟下,李大钊以个人身份加入国民党。

1923年6月,李大钊出席中共"三大"。这次大会确定了党关于建立革命统一战线的策略,决定与国民党合作,共产党员以个人身份加入国民党,改组国民党使之成为工人、农民和小资产阶级、民族资产阶级的民主革命联盟;同时,还要保持共产党在政治上和组织上的独立性。

1923年10月19日,孙中山写信,请

1923年孙中山致李大钊信

Former Residence of Li Dazhao

上海孙中山故居

李大钊到上海会商事宜，委以国民党"一大"改组的重任，参与起草《中国国民党改组宣言》。

1924年1月20～30日，中国国民党的第一次全国代表大会在广州国立高等师范学校礼堂召开。孙中山对李大钊极为看重，请李大钊担任预算委员会、宣言审查委员会、章程审查委员会、宣传问题审查委员会及大会主席团成员，并当选中国国民党中央执行委员会委员。

国共统一战线建立后，李大钊任国民党北京执行部组织部长，此时的李大钊是北方国共两党党组织的领导核心。所辖京、直、鲁、豫、热、察、绥、奉、吉、黑、内、哈、晋、新等十五个省区，到国民党"二大"前夕，党员发展到1.4万人，推动了国民党的发展，使民主的联合战线决议得到落实。

2月，李大钊从广州回到北京，但没有回到石驸马大街后宅35号的家。为了躲避反动政府的迫害，李大钊的全家搬到了宣武门内铜幌子胡同。

精神永存　光照千秋

李大钊的思想理论遗产是中国共产党和中国人民的宝贵财富。他的伟大人格和为革命事业献身的精神，是一切信仰马克思主义、立志为中华民族繁荣富强而奋斗的共产党人和人民群众学习的楷模。

　　李大钊是一位为社会服务不遗余力的勤奋之人。在石驸马大街后宅35号居住期间，李大钊在北京大学校内的职务有16项，校外的社团职务有12项。

北京大学校内的职务：

1. 北京大学评议会，评议员；

2. 北京大学总务委员会，委员；

3. 北京大学图书委员会，委员；

4. 北京大学研究所国学门委员会，委员；

5. 北京大学教职员临时委员会（1920年），组织委员；

6. 北京大学学生事业委员会（1923年10月30日），委员长；

7. 北京大学《社会科学》季刊、《国学》季刊（1922年8月19日），编辑员；

8. 北京大学成立25周年筹备委员会（1922年11月15日），委员、招待股主任；

9. 北京大学赈灾会（1920年9月），首位发起人；

10. 北京大学马克思学说研究会，组织领导者；

11. 北京大学经济学会，组织领导者；

12. 北京大学平民教育讲演团，组织领导者；

北大红楼李大钊办公室展室

13．北京大学社会主义研究会（1920年12月2日成立）发起人；

14．北大新闻记者同志会，来宾、讲演人；

15．索薪斗争组织委员会（1921年3月12日），委员；

16．俄国灾荒赈济会（1922年2月27日），发起人。

校外的社团职务：

1．北京国立八校辞职教职员代表联席会，新闻股办事、半周刊总编辑、北大代表（1922年4月26日辞去）、女子高师代表、代理主席，共主持会议达54次之多；

2．北京各团体联席会（1921年6月29日）；

3．少年中国学会（1920年—1923年），《少年中国》月刊编辑部主任、执行部评议员；

4．宪法学会（1922年夏），出版《宪法论丛》；

5．非宗教大同盟（1922年4月9日），常务干事；

6．太平洋问题研究会（1921年8月）发起人；

7．北京教育研究编著部（1921年）编辑员；

8．新知书社（1921年1月11日），筹备委员会总务股委员；

9．《新青年》，编辑部编辑；

10．新时代丛书社（1921年6月28日），"新时代丛书"编辑人；

11．国民裁兵运动大会（1922年10月4日），讲演员；

12．北京学生的读书会（1922年11月19日），导师。

教学之外，参加各种会议也使得李大钊异常忙碌。在石驸马大街后宅35号住的三年半时间，粗略统计，参加会议不少于120次。

撰写各种文字152篇，总量33万多字，

平均起来，不到9天就要完成1篇。他写的文章，涉及历史学、法学、政治学、教育学、伦理学和民族问题、妇女问题以及图书馆建设等诸多方面，为中国现代文化许多领域都做出了开创性建树。

在李大钊任北京大学图书馆主任之后，图书馆藏书量猛增，从1917年12月的中文书籍147190册，外文书籍9970册；到1923年9月的中文书籍184008册，外文书籍28836册。此外，还扩大了报纸、期刊的订

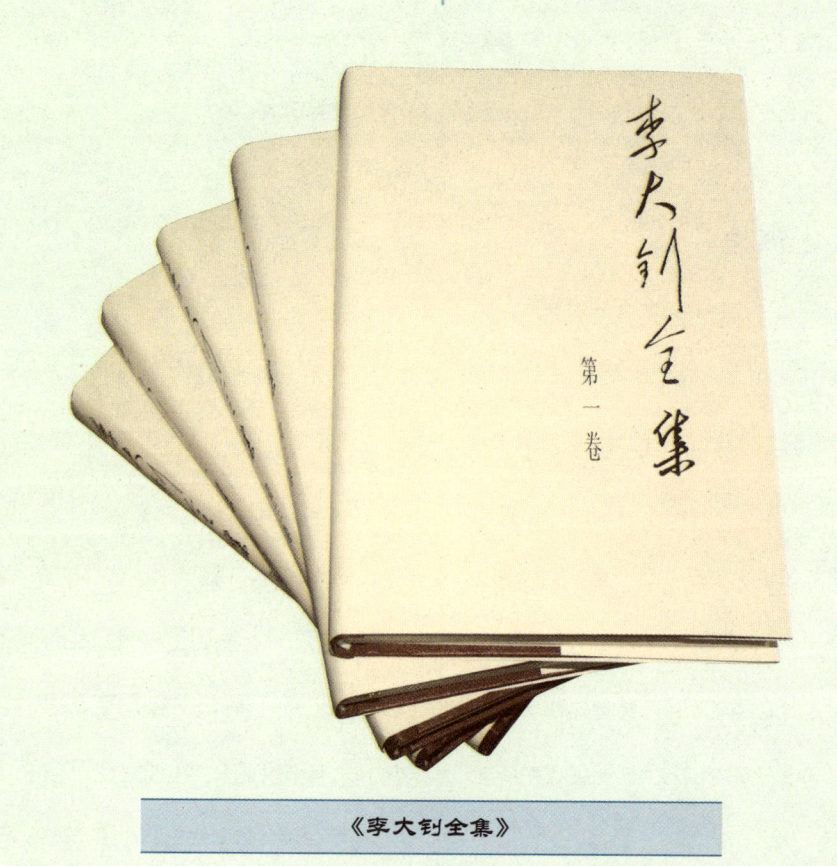

《李大钊全集》

阅范围，健全了流通和保管制度。在世界图书馆发展史上，李大钊获有"中国现代图书馆之父"的赞誉。

李大钊是革命者的光辉典范，是中华民族永远的丰碑。李大钊的历史功绩永垂史册。

大义凛然　英勇就义

1926年，"三一八"惨案后，北洋军阀的气焰十分嚣张，奉系、直系军阀相勾结，疯狂捕杀革命党人，甚至宣称："宣传赤化，主张共产，不分首从，一律死刑。"他们枪杀了《京报》主笔邵飘萍、《社会日报》主笔林白日，北京城里一片白色恐怖。李大钊更是军阀眼中钉，他们派出大批警察、密探，四处追捕李大钊。

面对危险，李大钊镇定自若，毫不惊慌。他的表姑曾经问过他："你们老搞这事，不怕吗？"李大钊笑着回答："怕什么？革命一定会胜利。我们的主义，就像种子一样，到处都撒遍了，他们破坏了这里，那里又会长出来。"

1927年，群众爱国运动风起云涌，奉系军阀张作霖对李大钊等革命领导人愈发忌惮起来，大肆虐杀爱国民主人士。许多同志南下避难，李大钊此时也已离开了他在北京生活时间最长的居所——石附马大街后宅35号（今文华胡同24号），几次更换住所，最后携一家老小搬进了苏联使馆的俄国兵营。

然而他的工作并没有停止，李大钊作为坚守在北京的领导者，继续传递着秘密情报，维持着南北的联系。时局越发紧张起来，李大钊送走了一批又一批的同志，自己却决然留在虎狼之地。常常有人秘密来看望李大钊，报告敌人就要对他下毒手的消息，劝说李大钊离开，但他婉言谢绝了。他说："我要走出北京并不难，就是工作离不开。我是不

李大钊故居

李大钊就义处——西交民巷京师看守所

走的!"直到被捕的前一刻,他仍然在工作,仍然在关注中国的乱局。

1927年4月6日,李大钊被京师警察厅军警逮捕。

审判之时,李大钊态度坚定,精神镇定,他只说他是一个马克思学说崇信者,其余之事则不谈。张作霖手下高官杨宇霆前来说服,许以高官厚禄,李大钊亦不为所动,没有透露任何中国共产党及工农运动的情况。李大钊在狱中写就《狱中自述》,严守党的秘密。他写道:"钊自束发受书,即矢志努力于民族解放之事业,实践其所信,励行其所知,为功为罪,所不暇计。"

敌人对李大钊动用了种种酷刑,却丝毫撼不动他的意志,连受敌人控制的报纸也不得不承认:李受审之时,"态度甚从容,毫不惊慌","俨然一共产党领袖之气慨"。敌人无计可施,无可奈何地说:"李无确供!"

期间,李大钊与妻女在法庭之上曾相见,他告诉法官:"一切都与她们没什么关系。"没想这匆匆一面,竟成诀别! 1927年4月28日,李大钊被军阀张作霖操控的北京当局判处绞刑,立即执行。刑场上,李大钊大义凛然,第一个走上绞刑台,从容赴死,时年38岁。

1933年4月23日,中共地下组织和社会各界决定为李大钊举行公葬。北京广大群众不顾反动军警的镇压,举行声势浩大的送殡公葬活动。将李大钊灵柩安葬于香山万安公墓,充分表达了人民群众对李大钊的无比崇敬。

1983年3月1日,中共中央决定修建李大钊烈士陵园。1983年9月1日,中共中央发表《李大钊烈士碑文》;1983年10月29日,李大钊烈士陵园落成。邓小平同志题词:"共产主义运动的先驱、伟大的马克思主义者李大钊烈士永垂不朽"。

李大钊烈士碑文

Former Residence of Li Dazhao

李大钊同志,字守常,1889年10月29日生于河北省乐亭县大黑坨村。七岁起在乡塾读书,1905年入永平府中学,1907年入天津北洋法政专门学校。青年时代,目睹在帝国主义侵略下的国家危亡局势和社会黑暗状况,激发了爱国热忱,立志要为苦难的中国寻求出路。辛亥革命的果实被袁世凯窃取后,开始发表文章,揭露军阀官僚的统治只是加深了民族的灾难和人民的痛苦。1913年,含愤东渡日本,就读于东京早稻田大学。在日本向中国袁世凯政府提出二十一条亡国条件后,参加留日学生总会的爱国斗争,向国内寄发《警告全国父老书》。这时,开始接触社会主义思想和马克思主义学说。1916年回国后,积极参与正在兴起的新文化运动。他在《青春》一文中号召青年"冲决历史之桎梏,涤荡历史之积秽,新造民族之生命,挽回民族之青春"。他积极抨击以孔子为偶像的旧礼教、旧道德,向当时抬出孔子来维护自己统治的反动势力展开猛烈的斗争。1917年俄国十月社会主义革命的胜利使大钊同志受到极大的鼓舞和启发。他逐步明确地站到马克思主义的立场上来,成为中国最早的马克思主义者和共产主义者。在1917年到1919年,他发表了许多热情地宣传俄国革命和马克思主义的文章,并与资产阶级改良派胡适展开了"问题与主义"的论战,在思想界引起了广泛强烈的反响。他在1918年担任北京大学图书馆主任,后兼任经济学教授,参加《新青年》杂志编辑部。这年年底与陈独秀等创办《每周评论》,并于次年主编《晨报副刊》。同时,他还协助北京大学学生创刊《国民》和《新潮》。随着大钊同志等领导下的反帝反封建的五四爱国运动的发展,马克思主义的影响日益扩大。1920年3月,大钊同志

李大钊故居

李大钊烈士陵园

在北京先后发起组织马克思学说研究会和共产主义小组。许多青年在他的影响下接受了马克思主义，其中有些成为中国共产党早期的著名活动家，如邓中夏同志、高君宇同志等。毛泽东同志和周恩来同志也都受到过他的影响。大钊同志为建立中国共产党努力奋斗，是我党主要创始人之一。

1921年中国共产党成立后，大钊同志代表党中央指导北方的工作。在党的二大、三大、四大，都当选为中央委员。1924年底，任党的北方区执行委员会书记。在他领导下，北方党组织派出许多同志在冀、鲁、豫、晋、陕、内蒙和东北的广大地区开展了党、团工作，先后发动了开滦大罢工、二七大罢工等著名斗

争。1922年，他受党的委托在上海与孙中山先生谈判国共合作，并在1924年在广州参加国民党第一次全国代表大会的领导工作，为建立国民革命统一战线，实现第一次国共合作作出了重大贡献。1925年在孙中山先生北上时和逝世时，在五卅运动中，他领导北方党组织发动群众，在北洋军阀统治的北方地区，开展了轰轰烈烈的反帝反军阀斗争。他积极地进行广泛的统一战线工作，领导改组后的国民党在北京的组织，坚决反对国民党右派。他努力为南方的革命运动培养、输送了大批干部。他坚决支持当时主要在南方一些农村蓬勃兴起、同时也开始波及北方的农民运动，并著文论述开展农民运动和解决土地问题的重要性。他也注意在军队中扩大革命运动的影响，对冯玉祥将军五原誓师参加北伐起了重要作用。大钊同志作为具有高尚道德品格的学者和革命家，受到社会各阶层的广泛尊崇，名重当世，这是他能卓有成效地开展多方面革命工作的一个重要条件。

1926年3月18日，北京各界人民在天安门举行反对日本等国要求大沽口撤防的大会，并到皖系军阀段祺瑞执政府门前请愿，竟遭到段政府的血腥屠杀。大钊同志在惨案发生后，继续领导共产党和国民党的北方组织坚持斗争。不久，奉系军阀张作霖的军队进入北京，白色恐怖更加严重。次年4月6日，张作霖在帝国主义支持下逮捕了李大钊同志等八十余人。大钊同志备受酷刑，在监狱中，在法庭上，始终大义凛然，英勇不屈。4月28日，凶残卑怯的敌人不顾广大舆论的反对，将大钊同志和谭祖尧、邓文辉、谢伯俞、莫同荣、姚彦、张伯华、李银连、杨景山、范鸿劼、谢承常、路友于、英华、张挹兰、阎振三、李昆、吴平地、陶永立、郑培明、方伯务共二十位革命者（其中多数是共产党

人，也有国民党人）一齐绞杀，大钊同志临刑时毫无惧色。第一个走上绞架，从容就义，时年尚不足三十八周岁。

李大钊同志的灵柩多年停放在宣武门外的一个庙宇内。1933年4月23日，他的家属和许多社会知名人士，发起为大钊同志举行葬礼将灵柩安葬于香山万安公墓。大批学生、工人、市民群众冒着白色恐怖参加葬礼，形成一次壮烈的示威运动，许多参加者为此而被捕，甚至被杀害。

在全国解放前，李大钊同志的一部分著作虽曾由他的亲属编集，由鲁迅先生作序，但在反动统治下一直没有能发行，直到1959年人民出版社才出版了重新编辑的《李大钊选集》。1981年，人民文学出版社又出版了经过增订的《李大钊诗文选集》。

李大钊同志对中国人民的解放事业，对马克思主义的信仰和无产阶级的革命前途无限忠诚。他为在我国开创和发展共产主义运动的大无畏的献身精神，永远是一切革命者的光辉典范。大钊同志和其他无数先烈光荣地倒下去了，但是他们的牺牲没有使中国革命停止，相反，中国革命在牺牲者的血泊中继续前进，直至获得伟大的胜利。作为中国人民的优秀儿子和伟大的无产阶级革命家，大钊同志的业绩将永远受到中国人民的追怀和崇敬。

为纪念李大钊同志，发扬他伟大的共产主义革命精神，中共中央于1983年3月18日将他和他的夫人赵纫兰同志（1883年～1933年）的灵柩移葬于新建的李大钊烈士陵园。

中国共产主义运动的先驱者，伟大的马克思主义者李大钊同志永垂不朽！

中国共产党中央委员会

1983年9月

李大钊生平活动简表

李大钊生平活动简表

（1889年~1927年）

1889年

10月29日生于河北省乐亭县大黑坨村。父李任荣是年3月病故，母周氏隔年春去世，靠祖父李如珍抚养成人。

1895~1904年

在当地私塾读书。学名耆年，字寿昌，后改名大钊，字守常。

1905~1906年

入永平府(今河北省卢龙县)中学堂就读二年，开始接触新学。

1907年

考入天津北洋法政专门学校。

1910年

参加天津学界要求清政府开设国会、实行宪政的罢课活动。

1913年

4月　任北洋法政学会编辑部长，负责出版《言治》月刊。发表《大哀篇》。

7月　毕业于北洋法政专门学校。去北京，与同人合编《法言报》。不久回乡，筹划赴日本留学。

8~10月　在天津翻译出版日本《支那分割之运命》，并写"驳议"数万言，激励国人。是年冬，东渡日本。

1914年

入东京早稻田大学政治本科。

1915年

1月　留日学生总会集会反对日本向袁世凯提出旨在灭亡中国的"二十一条"，负责起草文电。

2月　撰写《警告全国父老书》向国内寄发。

6月　编印《国耻纪念录》，在其上发表《国民之薪胆》。

1916年

1月底　回上海从事反袁活动，两周后返东京。

2月　主编留日学生总会机关刊物《民彝》(五月出版创刊号)。发起成立神州学会，任评议长。

5月中旬　毅然弃学回上海。

7月11日　应汤化龙、孙洪伊之约赴北京创办《晨钟报》，任总编辑。9月辞职。

9月1日　在《新青年》第二卷第一号上发表《青春》。

1917年

1月　任《甲寅日刊》编辑。

1918年

1月　任北京大学图书馆主任。

6月　发起成立少年中国学会，任《少年中国》月刊编辑主任。

10月20日　《国民》杂志社成立，应邀担任导师。

11月底　在北京大学于中央公园举办的讲演大会上发表《庶民的胜利》的演说。下月初，撰写《Bolshevism 的胜利》。两文后载于次年1月出版的《新青年》第五卷五号。

12月3日　《新潮》杂志社成立，应邀担任顾问。

12月22日　与陈独秀等创办的《每周评论》发刊。

1919年

1月5日　在《每周评论》上发表《新纪元》。

5月4日　五四爱国运动爆发，为运动的主要组织者和领导者之一。

6月11日　与陈独秀等分头到城南游艺园、新世界散发《北京市民宣言》。陈被北洋军阀政府逮捕，他曾积极营救。

8月17日　《每周评论》第三十五期发

表他致胡适的公开信《再论问题与主义》。

9月21日 应觉悟社邀请到天津讲演,与周恩来等见面。

9~11月 《我的马克思主义观》连载于《新青年》第六卷第五、六号。

1920年

2月 与第二次到北京的毛泽东商讨组织留俄队赴俄勤工俭学问题。

2月中旬 送陈独秀乘骡车出京,取天津海路赴上海。此后,南陈北李书信往还,讨论建党问题。

3月 租住石驸马大街后宅35号(今文华胡同24号)。

在北京大学组织马克思学说研究会。

与共产国际代表维金斯基等会见,讨论在中国建立共产党问题,并介绍他们前往上海同陈独秀会见。

7月8日 任北京大学教授,并兼任图书馆主任。

8月16日 出席并指导天津觉悟社、少年中国学会、人道社、曙光社、青年互助团五团体在北京陶然亭商讨"改造联合"的茶话会。同月,回故乡接夫人赵纫兰及子女来京。

10月 领导成立北京共产主义小组。

11月 指导建立北京和天津的社会主义青年团。

冬 派同志在长辛店开展工人教育和工会组织活动。

1921年

3月 担任北京"八校教职员代表联席会议"主席,开展索薪斗争。

7月23日 中国共产党第一次全国代表大会在上海召开。因领导索薪斗争,未出席。

1922年

6月7日 赴保定与吴佩孚会谈。利用

吴与交通系的矛盾，先后派六名共产党员以密查员身份在京汉、正太等铁路从事革命活动。

7月　中国共产党在上海召开第二次全国代表大会。未出席，被选为中央委员。

8月23日　在上海与林伯渠一起会见孙中山。后多次讨论振兴国民党以振兴中国的种种问题。

8月29～30日　参加中共中央特别会议（即西湖会议）。

9月初　由孙中山亲自主盟加入中国国民党。

1923年

2月初　应湖北女权运动同盟之邀赴武汉讲学，后赴上海讲学。4月返京。

6月　在广州出席中国共产党第三次全国代表大会。当选为中央委员，分工为驻京委员，指导北方党的工作。在此期间，多次与孙中山会谈，讨论国共合作和对外政策问题。

10月初　在北京会见苏联政府派来任国民党政治顾问的鲍罗廷。

10月下旬　应孙中山之约，赴上海与廖仲恺商讨国民党改组事宜。

11月24～25日　出席中共三届一中全会，报告京区国民运动、劳动运动与学生运动状况。

12月9日　出席廖仲恺主持的第十次国民党中央干部会议，研究国民党改组问题。

1924年

1月20日　在广州出席国民党第一次全国代表大会，为主席团五名成员之一，并任大会宣言、章程、宣传问题等审查委员会成员。

1月28日　在会上代表中国共产党针对国民党右派破坏国共合作的言论发表《意见书》。

1月30日　当选为国民党中央执行委员。

其间，反动政府对他的家属肆意迫害，赵纫兰唯恐孩子们受到伤害，在亲属的帮助下，

迁出石驸马后宅35号（今文华胡同24号）。

3月8日　主持改组中共北京区执行委员会，任委员长。

4月20日　主持成立国民党北京执行部，任组织部长。

6月17日～7月18日　出席共产国际第五次代表大会，在会上代表中共作报告。会后任中共驻共产国际代表。在苏联进行参观、访问和讲学活动。11月回国，到北京。

12月　中共北方区执行委员会成立，任书记。月底，领导北方国共两党组织各界十万人迎接孙中山北上。

1925年

1月　中共"四大"在上海召开，未出席，继续当选为中央委员。

孙中山在京病重期间成立国民党政治委员会，指任李大钊为五名政治委员之一。

6月　五卅运动爆发后，领导北方党组织发动群众，游行示威，组织"雪耻会"，开展轰轰烈烈的反帝反军阀斗争。

10～11月　领导了北京的关税自主运动和以推翻段祺瑞政权、建立国民政府为目的的"首都革命"。

10～12月　在中共北方区委党校讲授农民问题。

12月30日　发表《土地与农民》(连载于第62～67期《政治生活》)。

1926年

2月21日～24日　出席在北京召开的中共中央特别会议，集中讨论准备北伐战争问题。

3月18日　领导北京各界群众反对八国通牒，向段祺瑞执政府请愿的斗争，遭军阀血腥镇压。惨案发生后，从容指挥群众撤退，曾负伤。事后，被军阀政府通缉。

3月底　同北方国共两党领导机关一起

迁入东交民巷使馆区旧俄兵营内，在白色恐怖下坚持斗争。

7月　广东国民革命军出师北伐。根据中央决定，派干部加紧争取冯玉祥国民军的工作，以策应北伐战争。

1927年

4月6日　被奉系军阀张作霖逮捕。

4月28日　在西交民巷京师看守所被敌人秘密杀害，遇难者共20人。李大钊大义凛然，从容就义。

撰搞人：李 力　张丽娜　刘子强
照片整理：侯文文
责任印制：陈 杰
责任编辑：许海意

图书在版编目(CIP)数据

北京李大钊故居／北京李大钊故居管理处　编．－北京：文物出版社，2009.1
（带你走进博物馆）
ISBN 978-7-5010-2623-4

Ⅰ.北...　Ⅱ.北...　Ⅲ.①李大钊（1889~1927）－故居－简介－北京市②李大钊（1889~1927）－生平事迹
Ⅳ.K878.23　K827=6

中国版本图书馆CIP数据核字（2008）第163494号

北京李大钊故居

北京李大钊故居管理处 编著

文物出版社出版发行
（北京东直门内北小街2号楼）
http://www.wenwu.com
E-mail:web@wenwu.com
北京文博利奥印刷有限公司制版
文物出版社印刷厂印刷
新华书店经销
880×1230　1/24　印张：3.5
2009年1月第1版　2009年1月第1次印刷
ISBN 978-7-5010-2623-4　　定价：20.00元